COMMENT DÉJOUER
LES PIÈGES
DE LA BOURSE ?

©2017. Jean-David Haddad

Edition : JDH Editions
77600 Bussy-Saint-Georges. France
Imprimé par BoD – Books on Demand, Norderstedt, Allemagne

ISBN : 979-10-91879-19-4

Dépôt légal : Août 2017

Jean-David Haddad

COMMENT DEJOUER

LES PIEGES

DE LA BOURSE ?

1001 Réponses

1001 Réponses est une collection de courts essais pratiques répondant sans détours à « des questions que tout le monde se pose ».

Publiés à ce jour dans la collection :

- La crise jusqu'à quand ? (2012)
- Comment être rentier sans quitter la France ? (2013)
- Comment les drones vont changer nos vies... (2017).

Autres livres, publiés en 2017 par JDH Editions :

- « Réussir en bourse c'est presque facile ! ». Jean-David Haddad
- « Le trading c'est presque facile ! ». Stéphane Ceaux-Dutheil.
- « Gagner un contrat ou une médaille c'est presque facile ! ». Gilles Séro.
- « La psychologie du trader particulier ». Jérôme Mangin.

1 LES PIEGES PSYCHOLOGIQUES

2 LES PIEGES INSTITUTIONNELS

3 LES PIEGES DU MARCHE

L'auteur…

Jean-David Haddad est Professeur Agrégé de sciences économiques et sociales. Il a enseigné en lycée, à l'université et a fondé en 2002 le site de presse financière Francebourse.com, dont il est toujours le Rédacteur en Chef. Francebourse.com édite deux lettres de presse périodiques, écrites par Jean-David Haddad, et dont les portefeuilles sont reconnus pour être parmi les plus performants du marché.

Jean-David Haddad a donné de nombreuses conférences, et rédigé de nombreux ouvrages sur la bourse, ainsi que des essais économiques. Il a créé en 2017 la marque JDH Editions qui édite de nombreux auteurs sur des thèmes économiques, boursiers, sociétaux.

Il est aussi régulièrement sollicité par des entreprises pour des missions de consulting. Il a participé, en tant qu'économiste, à des campagnes politiques, locales ou nationales.

Au

Préalable…

Gagner en bourse nécessite de s'imprégner de principes essentiels, et de savoir appliquer ces principes grâce à des méthodes. Tout cela a été développé dans mon livre « *réussir en bourse c'est presque facile !* » (JDH Editions, janvier 2017).

Mais encore faut-il aussi pouvoir déjouer les pièges que le marché tend implicitement en permanence aux particuliers qui sont la partie faible du « jeu »… La bourse est un marché peu régulé, où les professionnels maitrisent bien plus que vous, particuliers, les règles du jeu. Des règles qu'ils fixent et modifient, pas à leur guise mais presque !

Sans forcément le vouloir, mais juste dans la quête de leur propre intérêt, ils tendent des pièges aux particuliers, à chaque instant. Et donc le marché ne vous fera pas de cadeau. Il peut aisément reprendre tout ce qu'il a donné, et cela en un clin d'œil ! La chance du débutant ne durant jamais très longtemps.

La troisième partie de « *réussir en bourse c'est presque facile !*» était consacrée à ces pièges.

Le but du présent livre est de développer ces pièges, de s'y focaliser, les catégoriser, les compléter par d'autres pièges non cités dans mon précédent ouvrage, qui tiennent parfois tout simplement à la psychologie même de celui qui investit en bourse. Et de vous indiquer, bien sûr, toutes les manières de les déjouer. C'est d'ailleurs là le cœur du propos de cet ouvrage.

Un investisseur averti en vaut deux ! L'investisseur novice y trouvera une lecture indispensable, préalable au grand saut dans le vide que peut parfois constituer la bourse. Si vous hésitez à investir en bourse, il y a des chances que ce soit par peur. Et vous avez raison... Ce livre devrait vous aider à surmonter ces peurs, car la peur est due bien souvent à une méconnaissance de tout ce qui peut sembler piégeur.

Connaitre un environnement, maitriser ses potentiels pièges, c'est moins en avoir peur !

L'investisseur chevronné y trouvera une manière d'améliorer ses performances. J'espère que les investisseurs chevronnés qui liront ce livre se diront souvent au fil des pages : « *ah ! Si seulement j'y avais pensé avant !* »...

Que vous soyez novice ou chevronné, les pièges sont les mêmes. Les connaitre, c'est pouvoir les déjouer.

Ils sont classés en 3 catégories :

-Les pièges psychologiques, qui sont liés à vous, à nous, à notre structure même de pensée. Ceux qui ne dominent pas à minima leur psychologie seront les proies les plus faciles du marché.

-Les pièges institutionnels, qui sont tendus involontairement par les médias, petits et grands, dont il faut savoir lire l'information. Mais aussi par les banques et autres brokers qui, entre autres, créent instruments dérivés sur instruments dérivés, facilités d'investir avec du levier… pour leur plus grand enrichissement et pour qu'un particulier sur combien… 50… 10… s'enrichisse tandis que l'immense majorité verra fondre ses économies.

-Les pièges du marché, qui sont simplement dus au fait que le marché c'est la jungle ! Car l'information y est asymétrique. Ceux qui la détiennent gagnent au détriment de ceux qui ne la possèdent pas. Le marché a son propre langage, ses codes, ses messages. Ne pas les décrypter revient à tomber dans le piège.

Ces trois grandes catégories de pièges constitueront autant de grandes parties de cet ouvrage que vous allez à présent découvrir…

1

LES PIEGES
PSYCHOLOGIQUES

Nous sommes 7 milliards sur Terre. Soit 7 milliards de visions, de manières de penser et de manières de faire. Imaginons que ces 7 milliards de personnes se retrouvent tous sur les marchés financiers, avec un seul et unique but, gagner ! Gagner avant même de savoir comment on veut gagner, pourquoi on veut gagner… Vous imaginez la catastrophe qui en découlerait…

Pourquoi et comment voulez-vous gagner ? Le savez-vous ?...

Si vous lisez ce livre c'est que la bourse vous intéresse. Et si elle vous intéresse c'est car vous savez qu'on peut y gagner de l'argent. Beaucoup d'argent en peu de temps. Du moins sur une échelle temporelle raisonnable pour un être humain. Par exemple : le titre Plastivaloire a été multiplié par 5 en 2 ans, entre 2015 et 2017.

Mais vous, que recherchez-vous vraiment ? Ne pas le savoir est le premier piège que vous tend, bras ouverts, le marché. Socrate disait : « Connais-toi toi-même ». Si vous ne vous connaissez pas un minimum, vous allez être guidé par un appât, celui du gain, qui vous détruira. Car vous foncerez tête baissée sur la première action qui brille, dont tout le monde parle, sans discernement.

Pour ne pas tomber dans ce piège, demandez-vous pourquoi vous voulez gagner de l'argent. Est-ce pour améliorer votre train de vie… pour mettre de côté… pour l'adrénaline que cela procure…

Voilà déjà 3 motivations différentes. Qui doivent engendrer chez l'investisseur des attitudes différentes.

Celui qui veut gagner pour l'adrénaline doit accepter la perte. Vivre avec son spectre. Car elle lui procurera aussi des montées d'adrénaline. Ainsi pourra-t-il tenter des « coups ». C'est-à-dire des achats ciblés, sans trop diversifier. Mettre le paquet, et prendre le risque maximum. Comme au casino. La roulette : un jeton sur le 5, un autre sur le 12, quatre sur le 36… et au final c'est le jackpot ou la ruine momentanée.
D'une manière générale, ce n'est pas du tout ce que je préconise, car la bourse n'est pas un casino. Mais j'ai rencontré des gens qui sont à la recherche de ce genre de sensations. Je les respecte. Si c'est votre cas,

il faut juste que vous en soyez conscient, au point de pouvoir l'affirmer haut et fort à vos proches, sans honte ni fierté. Simplement car c'est un trait de votre caractère.

Celui qui veut gagner pour se constituer du patrimoine devra au contraire oublier la perspective de faire un « coup » fulgurant. Si tel est votre cas, vous vous focaliserez sur votre objectif, sans jamais le perdre de vue. Répéter sans cesse : « je suis là pour faire grossir mon patrimoine ». Ainsi il vous faudra diversifier au maximum, avoir donc plusieurs lignes d'actions dans votre portefeuille, ne pas aller vers ce qui brille mais vers les belles vaches à lait discrètes qui distribuent régulièrement du rendement. Et tant pis si vous ratez des « coups ». Dites-vous que vous raterez aussi des faillites. Répétez-le vous. Quand vous voyez une action qui a triplé, voyez aussi celle qui a perdu 90%. A la lecture d'un article vantant les mérites d'une start-up cotée en bourse, vous devrez être capable de vous dire « non… ce n'est pas pour moi, je veux juste me faire du patrimoine, pas prendre ce genre de risques. ». Le mot spéculatif sera votre épouvantail. Tout ce qui est annoté comme spéculatif, vous le fuirez !

Celui qui veut améliorer son train de vie quotidien sera entre les deux. Si vous êtes dans ce cas de figure, vous tenterez des « coups », en réussirez certains mais pas d'autres… Il sera important que vous vous offriez des vacances, ou encore une sortie, ou encore un objet qui vous tient à cœur, après un « beau coup », afin de matérialiser votre gain ; le vivre quoi ! Puisque vous êtes là pour ça ! A côté de cela, vous aurez en portefeuille un tas d'actions de rendement, ou des valeurs patrimoniales, qui ne bougent pas beaucoup mais vous sécuriseront.

Vouloir gagner c'est bien. Mais si vous ne savez pas pourquoi vous voulez gagner, vous ne saurez pas comment gagner ! Et vous tomberez dans un des pièges les plus classiques de l'investissement boursier !

Vos émotions sont un piège…

Selon Jérôme Mangin*, formateur reconnu en matière de trading, les nombreuses émotions qui régissent notre capacité à raisonner de manière logique ont des conséquences qui peuvent être positives pour certains, négatives pour d'autres. Et cela va également pour la capacité à investir sur les marchés financiers.

Quand on est trop émotionnel, dit Jérôme Mangin, c'est l'irrationnel qui prend le dessus. L'irrationalité est souvent la cause des nombreux déboires des petits porteurs sur leurs choix d'investissement et leur résultat sur le long-terme. **Pour 90% d'entre nous, la mauvaise gestion des émotions nous conduira à tout perdre.** 90% n'est pas un chiffre arbitraire ni inventé.

Cette statistique provient de l'Autorité des Marchés Financiers. D'ailleurs, cette autorité essaye tant que bien que mal de limiter l'utilisation du levier chez les particuliers, car elle estime que c'est l'utilisation d'un levier trop fort qui provoque certains biais psychologiques qui mènent à la perte.

Comme nous le verrons plus tard dans ce livre, les leviers trop forts, mis en place par les brokers, sont un véritable poison pour le particulier. Le savoir, c'est déjà être capable de s'en prémunir. Mais le savoir c'est une chose ; ne pas se laisser dominer par ses émotions en est une autre.

Quelles sont les émotions capables de vous dominer au point de vous faire perdre les pédales ?

Jérôme Mangin en recense sept :
-l'excès de confiance
-la colère
-la peur
-le stress
-l'impatience
-l'hésitation
-l'ennui
Je rajoute l'amour…

Placer l'ennui ici peut étonner… Et pourtant ! Combien de particuliers passent leur temps devant leurs graphiques et leurs analyses boursières par ennui… On n'investit pas en bourse par dépit. En aucun cas. Sauf à vouloir perdre… Passez votre chemin et trouvez d'autres activités si c'est vraiment pour combler un ennui que vous investissez ou voulez investir en bourse !

Quant aux autres émotions, je n'ai pas la prétention dans ce court essai pratique, de vous donner des techniques pour les combattre. Je dis simplement : essayez du mieux que vous pouvez, de vous détacher le plus possible de l'émotionnel.

N'ayez pas d'excès de confiance car vous avez gagné. Dites-vous que vous pouvez tout perdre demain.

Ne vous mettez pas en colère si vous perdez. La colère est une très mauvaise inspiratrice, en bourse comme ailleurs. Dites-vous que vous pourrez tout regagner demain.

N'ayez pas peur de perdre, car si vous avez peur, vous perdrez. La peur n'évite pas le danger, la maxime est bien connue ! Si vous avez peur, n'investissez pas ou bien combattez votre peur avant d'investir.

Ne soyez pas stressé devant votre écran avant de passer un ordre de bourse. Si vous stressez, passez à autre chose de délassant et revenez après. Et surtout, quand vous investissez pour du long terme, ne regardez pas le cours de bourse à longueur de journée ! Si vous investissez pour du long terme, faites comme si vous aviez acheté une place de parking par exemple ! Vous n'allez pas chaque jour consulter les annonces pour voir si elle gagne ou perd de la valeur !

Ne soyez pas impatient quand une action ne décolle pas. Sauf si vous faites du trading. Mais nous parlons ici principalement d'investissement boursier ! Parfois il faut du temps… qui peut vous sembler long mais qui en fait ne l'est pas. Par exemple, j'ai recommandé l'action Sword Group en mars

2016. Vers 23€. Après plusieurs mois elle était scotchée vers 23€. Qu'est-ce que plusieurs mois à l'échelle d'une vie ? Quand elle a décollé, elle l'a fait sérieusement et a bien rattrapé son retard ! Elle vaut plus de 34€ en juillet 2017.

L'hésitation est compréhensible. Hésiter entre deux actions… hésiter entre le fait de vendre ou pas…
Hésiter est sain tant qu'il s'agit de se renseigner, se documenter, s'interroger sur ses motivations. Trop hésiter vous conduira à la ruine. En bourse il faut être capable de trancher dans le vif ! Choisir… Savoir acheter et savoir vendre. Quand vous faites une plus-value conséquente sur une action, du genre 50% ou 70%, ne soyez pas aveuglé… Vendez ! Après tout, Le Baron de Rothschild avait bien dit « *si j'ai fait fortune c'est parce que j'ai laissé les autres gagner de l'argent après moi…* ». Le mieux dans ce cas, est de ne pas regarder en arrière. Ne pas regarder l'action que vous avez vendue. Pour ne pas regretter si elle monte. Mais pas non plus pour vous

dire « ah que j'ai bien fait de vendre » si elle baisse… Non… Laissez le passé derrière vous et passez à autre chose ! A noter que si vous hésitez vraiment après un gain, vous pouvez ramener le prix de revient à zéro en vendant la quantité suffisante qui permette de couvrir la somme déboursée au départ.

Ne tombez pas amoureux d'une action. Les plus assidus d'entre vous réalisent là pourquoi j'ai mentionné l'amour comme émotion à combattre quand on investit en bourse. Vous avez acheté un paquet d'actions d'une entreprise que vous aimez bien ? Mais, diable, ce n'est pas votre entreprise ! Vous n'êtes, pour le management, qu'un numéro parmi d'autres ! L'entreprise dans laquelle vous investissez sait prendre votre argent pour se développer. Et pour payer les dirigeants. On ne peut pas la blâmer, ce sont les règles du jeu. Auxquelles vous avez implicitement souscrit. Pour votre part, sachez reprendre cet argent quand vous en avez besoin ou que vous estimez avoir fait une plus-value suffisante ! Voilà pourquoi j'ai indiqué plus haut rajouter l'amour aux émotions qu'il conviendra de dominer pour ne pas se trouver piégé par… soi-même !

Si malgré tous ces conseils de bon sens, vous êtes toujours tributaire de vos émotions lorsque vous investissez en bourse, n'hésitez pas à aller consulter des sophrologues, à faire de la relaxation… N'hésitez pas à couper une séquence d'étude du marché par un break… ne plus penser à la bourse, aller courir, aller au cinéma, etc.

*Jérôme Mangin : « La psychologie du trader particulier ». Collection « les as du trading ». JDH Editions, mars 2017.

Le piège de la certitude...

Lorsqu'on investit en bourse, on travaille dans un univers probabiliste. Aussi informé, initié que l'on puisse être, il y a toujours un certain nombre de paramètres que l'on ne maitrise pas, et que personne ne maitrise.

Ces paramètres sont tout d'abord macroéconomiques, on ne sait pas si un pays ne va pas subir une grave crise demain, si le PIB de la France sera un peu en dessous ou un peu au-dessus de ce que les économistes estiment. Toute déception peut entrainer une baisse sur le marché et par conséquent sur de nombreuses actions.

Par ailleurs, les paramètres géopolitiques, constituent aussi une forme importante d'incertitude. Dans le monde où nous vivons, il suffit hélas, d'un gros attentat, pour que le chemin qui avait été emprunté par les marchés financiers se mette à changer. Nous ne sommes jamais à l'abri qu'un pays déclare la guerre à un autre. Imaginez, à un moment où personne ne s'y attend, un tir nucléaire de la Corée de Nord sur ses voisins. Une ville rasée. Réunion du conseil de sécurité de l'ONU. Troisième guerre mondiale ou grave incident isolé ? Pouvez-vous jurer d'être à l'abri d'un tel scénario, qui entrainerait un tel vent de panique que l'ensemble des bourses mondiales fermerait, provoquant une énorme crise de liquidité? Vous auriez tort d'en avoir la certitude.

Les résultats des entreprises ont beau être solides, le marché a beau être positif, on ne peut jamais jurer à 100%, quand le marché ferme le soir, que le lendemain il rouvrira ses portes avec le même état d'esprit qui prévalait la veille.

Avoir trop de certitudes est un biais psychologique qui peut vous faire prendre des risques inconsidérés. Par exemple, si vous tradez avec un effet de levier, évitez de garder des positions du jour au lendemain. Car tout peut arriver durant la nuit. Si vous investissez, vous serez moins concerné mais faites tout de même attention aux certitudes, car vous ne maitrisez pas les paramètres microéconomiques. Lorsque vous investissez dans une entreprise, il suffit qu'un concurrent dépose le bilan pour que votre investissement soit immédiatement plombé (même si à long terme cette hypothèse serait favorable à l'entreprise sur laquelle vous avez jeté votre dévolu puisque sa part de marché augmentera).

Par conséquent on ne peut jamais avoir de certitudes en bourse vu que tout peut changer à tout moment et qu'il y a des paramètres que nul ne maitrise, même les plus avisés des investisseurs. Il ne faut simplement jamais perdre cela de vue.

Cela étant dit, il ne faut pas confondre convictions et certitudes ! Les convictions sont importantes en bourse, il faut en avoir ! Etre convaincu, c'est y croire, croire à ce que l'on fait. Avoir ces certitudes c'est être borné. La différence est grande !

Croire les menteurs…

Le sentiment de cupidité est si fort en bourse qu'il rend parfois naïf. On veut tellement gagner, croire qu'on va gagner, qu'on finit par entendre ceux qui nous promettent des gains faciles.

Heureusement, les entreprises sont encadrées, contrôlées, par des commissaires aux comptes et autres ribambelles d'institutionnels. Mais cela n'a pas empêché certains patrons sans le moindre scrupule de passer à travers les mailles du filet et d'annoncer publiquement des mensonges au marché, afin de faire monter leurs titres ! Puis du jour au lendemain, plus rien ! Rideau fermé ! Et ruine !
Loyatltouch ou Gowex sont des cas d'école de mensonges avérés, qui ont fait scandale dans les années 2010.

Il y a hélas très peu de moyens de repérer ce genre d'entreprises. Néanmoins par prudence, méfiez-vous des dirigeants de sociétés qui parlent trop, qui font trop d'effets d'annonces, qui se montrent trop, qui tiennent un discours trop orienté vers « on va conquérir le monde », qui parlent de milliards alors que leur société démarre tout juste… Préférez des chefs d'entreprises qui sont sur des marchés à gros potentiel, qui expliquent le potentiel de leur marché, mais qui restent mesurés dans leurs prévisions ou leurs objectifs. Et, encore mieux, qui dépassent leurs objectifs… Cela est très important. L'expérience montre que ceux qui annoncent des milliards sont ceux dont les actions ne tiennent pas la route sur le long terme. A titre d'exemple, Le titre Visiomed est, en juillet 2017, à 1.50€ alors qu'il avait flambé à plus de 6€ en 2015 après des annonces fracassantes qui n'ont cessé de se poursuivre.

2

LES PIEGES INSTITUTIONNELS

Beaucoup d'institutions interviennent sur le marché boursier : banques, banques privées, brokers, cabinets d'analystes, organes de presse ou d'information, institutions de régulation… Evidemment, ces institutions ne sont pas là, chaque jour, à tendre des pièges aux pauvres particuliers pour leur voler leur argent. Non, ce n'est pas mon propos. Même l'extrême-gauche ne va pas si loin. Mais chaque institution est mue par la quête de son propre intérêt, le profit en l'occurrence (excepté des organes de régulation comme l'AMF), et ces propres intérêts constituent en eux-mêmes des formes de pièges involontairement tendus à ceux qui ne les voient pas venir… Apprendre à les déjouer, c'est savoir naviguer en eaux troubles. Tout simplement.

Les cassandres et prédicateurs d'octobre...

Méfiez-vous des messages catastrophistes que vous recevez dans vos boites mail puis qui font le tour de la planète plus vite que le son.

Autant l'internet a été un formidable moyen de démocratisation pour la bourse, autant il est le vecteur de toute une pollution parasite. Et comme par hasard, ces messages catastrophistes qui vous poussent à acheter pour une fortune des rapports bidons écrits par de soi-disant experts, fleurissent souvent à la veille du mois d'octobre ou du mois de mai qui sont les deux mois qui font peur dans l'inconscient collectif des boursicoteurs.

1929... 1987... 2008... Les mois d'octobre ont été des mois de krachs boursiers. Dit autrement, quand il y a un krach c'est souvent en octobre. Alors chaque année, nous avons droit à la même rengaine. Chaque année, ou presque il y a des prédicateurs qui nous expliquent par des arguments fallacieux aptes à faire paniquer les gens qui ne connaissent que vaguement l'économie, que la catastrophe est imminente. Et que cette fois, le nouveau krach va surpasser les précédents. Recette miracle : achetez de l'or! Au moins, personne ne pourra dire "par sa faute j'ai été ruiné" car personne n'a jamais été ruiné sur du long terme avec l'or.

Une rengaine bien éprouvée, donc, et qui reviendra encore et encore. La surexploitation commerciale des krachs d'octobre n'en finit pas. Année après année. Quoi de mieux que de faire peur pour vendre du papier, fut-il électronique? Faire peur et faire rêver sont les deux leviers commerciaux des vendeurs de boniments.
De grâce fuyez ces messages, demandez à être radié des newsletters correspondantes, et écrivez à la CNIL si votre radiation n'est pas effective… Ne vous laissez pas polluer par ces mauvais prédicateurs qui pourraient vous faire peur et vous pousser à quitter la bourse.

Les exemples sont nombreux, mais prenons des cas récents pour illustrer mon propos.

Dès la fin de l'été 2015, un certain Martin Armstrong, prédicateur américain millionnaire, qui avait soi-disant prédit la crise des subprimes, nous annonçait une catastrophe économique et un immense krach boursier le 1er octobre 2015. Pour ma part, j'avais démonté un à un ses arguments. Un à un. Et que s'est-il passé? Octobre 2015 fut l'un des meilleurs mois boursiers des dernières années !

Un an plus tard, certains ont remis le couvert. Il était annoncé une catastrophe pour le 1er octobre 2016. Avec à la clé, un argument, celui des DTS (droits de tirage spéciaux). Il devait effectivement se passer quelque chose le 1er octobre 2016 : la modification de la composition des DTS, au profit du Yuan, la monnaie chinoise. Selon les cassandres vendeurs de boniments, cela devait provoquer un krach du dollar qui se propagerait à la vitesse de la lumière sur les marchés boursiers. Il était facile de faire paniquer les gens car, à moins d'être économiste, nul ne pouvait savoir que les DTS représentent à peine 300 milliards de dollars, soit même pas 15% du PIB de la France! Pour comparaison, il y a environ l'équivalent de 5500 milliards de dollars échangés quotidiennement à travers le monde! Les échanges en DTS sont donc très marginaux... Et donc cette modification de la composition du panier du DTS a eu un effet minuscule sur le cours du dollar! Mais la surexploitation commerciale de l'évènement a été énorme. Et beaucoup de particuliers ont paniqué pour rien. Une fois de plus, sur Francebourse.com j'ai démonté ces arguments tout au long du mois de septembre, et en octobre 2016 il ne s'est strictement rien passé, à part de nombreuses hausses sur beaucoup d'actions de qualité qui étaient un peu en sommeil.

Ces deux exemples doivent vous inciter à ne pas lire les messages catastrophistes que vous recevez dans vos boites mail ou que vous trouvez sur les forums, à éviter eux aussi.

Qui en est à l'origine ? Peu nous importera. Ce sont des parfois des organes d'information et des vendeurs de conseils, tout à fait habilités par ailleurs à diffuser de telles informations qui finalement reflètent des opinions. Et, jusqu'à preuve du contraire, chacun a le droit de donner son opinion en démocratie. Libre à chacun qui lit ce genre de choses de ne pas suivre. Dites-vous bien que les plus grandes catastrophes n'ont jamais été vraiment annoncées avec une précision d'horloge suisse. Par qui que ce soit.

Prévoir une crise est possible. En prévoir la date et l'heure relève du boniment et la simple lecture de telles précisions temporelles doit à l'avenir éveiller votre niveau de suspicion le plus élevé.

Les introductions en bourse...

Je ne le répèterai jamais assez : la bourse est un jeu à somme nulle. Vous en êtes le maillon faible. Renforcez-vous pour en devenir un maillon fort ! Le petit porteur est celui chez qui on va aller chercher des sous car il suffit d'actionner les bons leviers sur ses émotions. Comme nous l'avons vu précédemment.

Les introductions en bourse ne dérogent pas à cette règle. Evidemment, toutes les introductions ne sont pas des pièges ! Faire des généralités serait d'ailleurs un piège. Certains entrepreneurs ont réellement la fibre du petit actionnaire, l'envie d'être entourés par des petits actionnaires qui seront choyés en retour. Pour certains, s'introduire en bourse c'est aller chercher de l'argent chez des gens qui apporteront leur confiance à l'entreprise qui s'introduit et qui seront récompensés en retour. Mais ce raisonnement n'est pas partagé de tous ! Certaines introductions en bourse sont de véritables pièges au contraire. Parfois même aux dépens des entrepreneurs, qu'il ne faut pas penser forcément pervers ou calculateurs. Il leur arrive, surtout dans le cas des biotechs, d'être eux-mêmes piégés par des ratios de valorisation trop élevés qui leur sont suggérés lors de leur introduction en bourse. A l'appui d'analyses financières très optimistes.

Un entrepreneur peut souvent, de bonne foi, penser que sa PME vaut des dizaines de millions, tout simplement car il croit en son projet et que son égo est devenu démesuré au fil de ses réussites. Il tombe alors lui-même dans le propre piège de son émotionnel et entraine avec lui des nuées de petits porteurs.

Les sociétés spécialisées dans les IPO (introductions en bourse) jouent parfois un rôle tampon... mais pas toujours.
Quand on connait ce milieu comme je le connais, on sait très bien comment ça se passe.

Je vais vous le conter rapidement. A partir d'un exemple fictif mais représentatif d'une certaine moyenne.

Il était une fois un petit entrepreneur à l'égo haut comme un gratte-ciel qui croyait que sa PME valait des dizaines de millions d'euros. Et pourquoi pas cent millions. Son introducteur en bourse, qu'il rencontra dans un bureau feutré du huitième arrondissement (je ne vise personne en particulier, ils y sont quasiment tous), tenta de le ramener à la raison : « 100 millions... c'est un peu élevé, vous savez... à ce prix nous n'aurons peut-être pas de sursouscription, préférable pour avoir une belle image par la suite »... Ne voulant rien savoir, l'entrepreneur s'entêta... s'obstina, tel un enfant capricieux ! Et l'introducteur céda assez rapidement. Ne souhaitant pas que son potentiel client puisse aller à la concurrence ! Car un tel client, cela rapporte ! Déjà un dossier d'introduction, cela coute très cher à monter. Et qui dit introduction dit le plus souvent levée de fonds concomitante. L'introducteur, qui lève aussi des fonds, prend une commission sur les fonds levés allant de 6 à 8% en général. Plus la valorisation est élevée, plus tout le monde y gagne. Imaginez 100 millions de valorisation et 30 millions de fonds levés. Je vous laisse calculer !

Evidemment les souscripteurs, eux, peuvent être lésés ! Pis encore : pour les grandes introductions de plusieurs milliards, les banquiers sollicitent leurs clients pour placer des titres…. Oui, il faut connaitre ce milieu pour savoir que rares sont les introductions en bourse qui sont intéressantes pour les particuliers.

Bien sûr, il peut y avoir de temps à temps des introductions en bourse intéressantes. Disons que d'une façon générale, les introductions ne sont pas à proscrire mais il faut être très vigilants.

Prenons l'exemple des IPO réalisées sur la bourse de Paris entre le 1er janvier 2017 et le 31 mai 2017. Et voyons le score réalisé au 15 juillet 2017 :

Société	Date IPO	Cours IPO	Cours actuel*	Perf.
Osmozis	Fev 17	10.5	10.81	+2.9%
Lysogene	Fev 17	6.80	5.61	-17.5%
Inventiva	Fev 17	8.5	7.81	-8.1%
X Fab	Avr 17	8.93	8	-10.5%
Prodways	Mai 17	5.95	4.1	+45%
Valbiotis	Mai 17	10.5	9.95	-5.2%

*Il s'agit du cours au 15 juillet 2017

Sur le premier semestre 2017, le moins que l'on puisse dire c'est que la bourse de Paris s'est bien portée ! Le CAC 40 a gagné 7.67% entre le 1er janvier et le 15 juillet. Et le CAC PME a gagné 15.96%. Et pourtant, dans un marché aussi positif, les IPO n'ont pas brillé ! La performance moyenne qui ressort du tableau ci-dessus est en effet de +1.1% ! Prodways tire le tableau vers le haut. Sans Prodways le score serait largement négatif ! Cela tombe bien : Prodways est la seule IPO que j'ai recommandé à mes lecteurs durant cette période. Prodways est la première entreprise d'impression 3D à être cotée sur la bourse de Paris. Cette IPO a provoqué un effet de rareté et de nouveauté. Le succès était donc prévisible. Les cinq autres entreprises citées sont sur des domaines déjà existants en bourse.

Le temps est donc révolu où il suffisait de se positionner sur une IPO pour être gagnants. Aujourd'hui au contraire, la règle générale est de rester à l'écart et les exceptions concerneront des effets de rareté (sur des secteurs non représentés en bourse) ou bien des dossiers d'une exceptionnelle qualité !

Le SRD...

Le SRD (service à règlement différé) est le piège par excellence tendu aux particuliers trop gourmands.

En quelques mots, rappelons que le SRD permet d'acheter un titre aujourd'hui et de le payer plus tard. On peut vendre un titre que l'on ne possède pas encore, avec l'engagement de le racheter ensuite et de le livrer plus tard pour déboucler l'opération (c'est alors la vente à découvert ou VAD). L'acheteur paie plus tard, comme un acheteur à crédit ; et le vendeur dispose d'un délai pour livrer les titres vendus. On fait les comptes tous les mois, lors de la liquidation, qui regroupe les opérations de dénouement (paiement pour des achats ou encaissement pour des ventes) entre acheteurs et vendeurs utilisant le SRD. Cette liquidation prend naissance lors de la cinquième séance avant la dernière du mois et dure jusqu'à cette dernière.

Le SRD revient, vous l'avez compris à acheter des actions à crédit, ou dans l'autre sens à les vendre à découvert.

Dans les deux cas de figure, les pertes peuvent être illimitées. Surtout dans le cas de la vente à découvert. Alors que sur une opération ferme (achat/vente classique) vous risquez au pire de perdre votre mise. Avec le SRD vous risquez non seulement de perdre votre mise mais de vous endetter. Le SRD est donc très dangereux. D'autant plus que vous pouvez, chez la plupart des courtiers, acheter au SRD pour plus d'argent que ce que vous avez sur votre compte ! Quelqu'un qui dispose de 100.000€ en actions peut acheter sans souci pour 250.000€ voire 500.000€ au SRD !

Imaginez le cas de figure : 100.000€ en actions bien gérés, bien diversifiés, et 500.000€ placés au SRD sur un titre. Si ce titre perd 20% ce sont 100.000€ qui sont perdus. A la fin du mois, l'épargnant (qui devient ici un joueur et non plus un épargnant) doit rembourser ces 100.000€. Il doit donc vendre l'intégralité de son portefeuille ! Et imaginez que le titre acheté au SRD perde 30% ! Dans ce cas ce sont 150.000€ de pertes. Il doit non seulement vendre tout son portefeuille constitué à la force de ses neurones, mais aussi trouver 50.000€ ou s'endetter pour les rembourser ! La plupart du temps, les particuliers qui racontent avoir été ruinés en bourse, l'ont été à cause du SRD.

Si vous voulez l'utiliser pour profiter du levier qu'il offre, gardez bien en tête la règle de prudence suivante : **n'investissez pas au SRD plus de 10% du montant global de votre portefeuille**. Je répète que vous pouvez aller jusqu'à 500% chez de nombreux courtiers, mais restez sous un plafond de 10%.

Si le portefeuille Francebourse, géré dans la lettre confidentielle publiée sur Francebourse.com, gagne 900% en moins de 16 ans, c'est parce que jamais les positions au SRD n'ont dépassé 10% du portefeuille.

Ne vous laissez pas piéger par les publicités vantant les mérites des effets de levier : avec le levier il y a plus à perdre qu'à gagner.

Les instruments dérivés...

Warrants, CFD, trackers, futures... Les dérivés ne manquent pas. Ils ont été en grande partie à l'origine de toutes les dernières crises financières. Ce sont des outils hyper-spéculatifs qui ne devraient pas être mis à la portée des particuliers, mais qui le sont. Mieux vaut les éviter.

Comme vous le savez peut-être, un call warrant vous donne le droit, mais pas l'obligation, d'acheter un actif dit « sous-jacent » (une action par exemple) à un prix fixé d'avance (le prix d'exercice) jusqu'à une date donnée (la date d'échéance). La durée de vie du Call Warrant s'arrête à cette date.

Pour le put warrant, c'est l'inverse. Vous remplacez le mot « acheter » par le mot « vendre ».

Ces instruments sont utiles pour se couvrir par exemple, lorsqu'on est gérant d'un gros fond de plusieurs centaines de millions d'euros.

Pour un particulier, acheter un call ou un put warrant revient à prendre un pari à la hausse ou à la baisse. Un pari très piégeur car le warrant a une valeur temps qui s'érode chaque jour. Si le sous-jacent est stable, votre warrant, qu'il soit put ou call, perdra de la valeur. Pour qu'il en gagne il faut non seulement qu'un mouvement se produise dans le sens que vous anticipez, mais que ce mouvement soit rapide et violent.

La seule utilisation valable des warrants aura lieu quand on veut se couvrir contre un évènement possible attendu. Par exemple, un évènement politique ou géopolitique. Ou après une très forte hausse du marché. En dehors de ces cas de figure, le particulier a tout intérêt à rester à l'écart de ces instruments.

Les CFD sont aussi des instruments à effet de levier, qui permettent de parier sur un prix futur d'un sous-jacent. La majorité des brokers en ligne proposent des CFD. Les horaires de cotation sont très étendus : 24h/24 du dimanche soir minuit au vendredi soir 23h. Les effets de levier, selon les brokers, peuvent être très importants. Tout cela est attirant, j'en conviens. Mais les risques sont énormes. Là encore, si on croit en la hausse d'une action, le mieux et le moins risqué est tout simplement de l'acheter plutôt que de parier sur sa hausse ! Les trackers sont en fait les produits les moins dangereux pour le particulier. Ce sont des produits vous permettant d'acheter des matières premières, des indices, des secteurs, des zones géographiques. Comme l'explique Stéphane Ceaux-Dutheil dans son livre « *Le trading c'est presque facile* » (Ed. JDH, 2017), on les utilise plus pour l'investissement que pour le trading. Ainsi sont-ils bien moins risqués car le levier maximum permis est nettement plus faible. Le LVC, par exemple, est un tracker qui double la performance du CAC 40. Donc si le CAC 40 perd 5%, le LVC perdra 10%. Rien de dramatique pour qui en est informé. Et surtout rien à voir avec les dégâts que peuvent occasionner les autres instruments sur vos patrimoines respectifs !

3

LES PIEGES
DU MARCHE

Le marché boursier est un des marchés qui se rapproche le plus de la concurrence pure et parfaite. Chacun est censé avoir l'information en même temps. D'ailleurs, c'est le but des organes de régulation comme l'AMF qui réprimandent sérieusement les abus de marché ou les délits d'initiés. Seulement, tous les abus ne peuvent pas être épinglés. L'information donnée par les cours ou les graphiques est souvent mal interprétée, ce qui conduit à faire de nombreuses erreurs. La nature humaine tend à ce que chaque intervenant privilégie ses intérêts individuels sur l'intérêt collectif. Ainsi, le marché devient rapidement une jungle dont les proies des plus faciles sont les moins bien informées, à savoir les particuliers. Voilà pourquoi il convient de repérer les pièges informationnels et non informationnels les plus courants que vous tend le marché en permanence pour savoir les déjouer.

La croissance non rentable...

On parle souvent des valeurs de croissance. Achetez des valeurs de croissance ! L'Oréal, Air Liquide, Spie, etc. Une valeur de croissance est une action d'une entreprise qui fait régulièrement croitre son chiffre d'affaires. En général, sur le long terme, une fois qu'on enlève les fluctuations de court terme, c'est l'enrichissement assuré. En 25 ans le titre l'Oréal, valeur emblématique de la croissance à la française, a été multiplié par 25. En 15 ans il a été multiplié par 2.5, et en 5 ans par 2. Des titres comme Vinci, comme Air Liquide et bien d'autres ont des parcours historiques similaires, avec toujours des pointes en période d'euphorie. Mais n'est pas valeur de croissance qui veut ! Méfiez-vous des sociétés qui communiquent sur leur formidable croissance mais ne parviennent pas à faire des bénéfices. En bourse, le nerf de la guerre c'est de pouvoir faire des bénéfices. D'abord car qui dit bénéfices dit potentiel de distribuer des dividendes. Et qui dit bénéfices dit appréciation de l'action concernée. En général, c'est mécanique. Donc, une hausse du chiffre d'affaires, si elle n'est pas accompagnée de bénéfices, n'aura aucun intérêt ! Le chiffre d'affaires va parfois nourrir les dirigeants, qui peuvent se prendre un bon salaire, mais il ne nourrira pas les actionnaires, qui eux ont besoin de bénéfices ! Autant on peut comprendre qu'une start-up ou une société nouvellement créée mette un peu de temps avant d'être bénéficiaire… autant une société qui investit peut transitoirement voir ses bénéfices fondre ou passer dans le rouge pour reprendre de plus belle par la suite… autant cela devient vite insupportable sur une entité existante depuis des années. Une entreprise qui grossit, fait de la croissance externe, pour ne jamais faire de marges ou très peu, est inintéressante. Et vous devez impérativement éviter ce genre d'entreprises. Ou quitter le navire si vous en êtes passager !

Un exemple type est le cas de l'entreprise O2I, dont le chiffre d'affaires a grossi grâce à des acquisitions mais qui n'est jamais parvenue à faire des bénéfices, ou alors très peu et très transitoirement. Le titre est passé de plus de 6€ en 2006 à 1€ dix ans plus tard... Sanction logique du marché.

A observer pour l'avenir : Ymagis. Une superbe croissance : un chiffre d'affaires multiplié par 4.5 en 5 ans. Mais des marges qui restent négatives depuis 3 ans. Effet transitoire de la croissance, ou bien enfoncement dans une croissance non rentable ? Nous le verrons bien. L'effet de levier peut être énorme en cas de retour des marges. Sinon, le titre s'enfoncera.

L'achat quand il est trop tard...

Imaginez deux boutiques de vêtements en face de vous. L'une vide, et l'autre pleine de monde. Naturellement, le monde attire le monde et vous vous dirigerez vers celle qui est pleine.

Imaginez-vous maintenant arrivant devant un péage d'autoroute. Votre œil sera naturellement attiré par les postes de péage où il y a une file d'attente. Quitte à laisser de côté les postes de péages moins visibles où il n'y a personne.

Reconnaissez que vous avez tort. Ce n'est pas parce qu'il y a du monde qui s'agglutine que c'est mieux.

En bourse, c'est identique. Lorsque vous cherchez à investir, vous allez regarder le palmarès des hausses et non pas des baisses. Pourtant, c'est souvent après une forte baisse qu'il y a de bons « coups à faire » !

Quant aux valeurs qui montent, montent et montent... Qu'en penser ? Les arbres ne montent pas au ciel dit-on. Mais on dit aussi « trend is your friend » (la tendance est votre alliée). Deux maximes contradictoires.

En fait les deux sont valables… Il faut juste distinguer les hausses dues à un effet d'annonce, qui se font très vite, en une ou quelques séances, des hausses de plus long terme, bien plus fondamentales, qui peuvent être provoquées par une croissance des bénéfices régulière ou par la découverte d'un nouveau secteur d'activité prometteur. Dans ce dernier cas de figure, il y a souvent formation d'une bulle spéculative. On peut investir « dans la bulle », mais il faut alors savoir vendre très vite.

Il y a donc 3 cas de figure à distinguer :

-La hausse due à un effet d'annonce. Qui dure très peu de temps. Si la société est intéressante, il conviendra alors d'attendre que le soufflé retombe comme on dit.

Exemple type : Lucibel, qui a gagné 50% en quelques séances sur un effet d'annonce important (ses résultats 2016 avec un retour aux profits) en mars 2016, pour rebaisser ensuite :

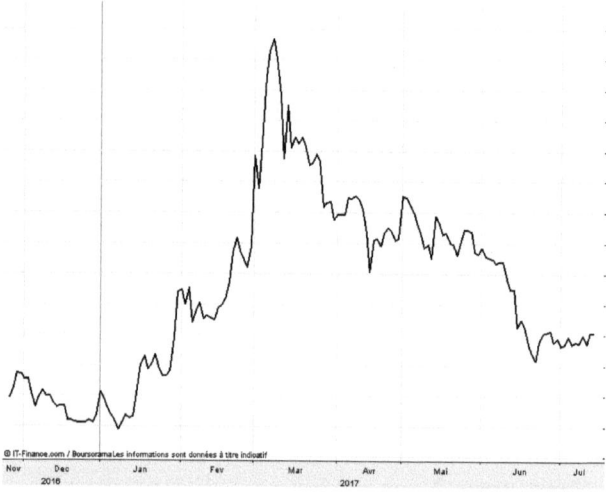

-La hausse fondamentale qui peut durer longtemps, et s'inscrire dans un canal haussier. Il conviendra ici de ne pas attendre trop longtemps pour investir mais juste de profiter d'un petit repli, toujours inévitable.

Exemple type : Robertet qui est une très belle société faisant de la croissance régulière, ce qui se voit graphiquement sur plusieurs années :

-La bulle spéculative. Qui enfle… enfle… telle la grenouille voulant se faire plus grosse que le bœuf… et explose ! Comme la grenouille ! Dans ce cas, il conviendra, pour les plus spéculateurs, prêts à prendre des risques, d'acheter sans tarder mais de revendre dès qu'un bénéfice substantiel apparait.

Exemple type : les imprimantes 3D aux USA il y a   quelques années, avec entre autres la société 3D Systems qui en avait profité :

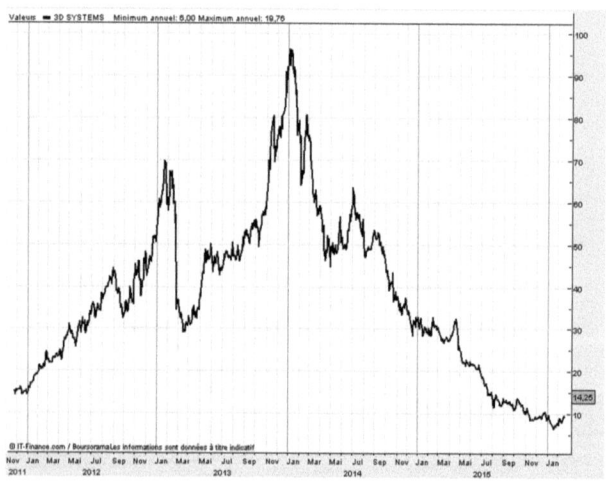

Les augmentations de capital à répétition…

Surtout méfiez-vous des sociétés qui, sous prétexte de croissance, vont régulièrement solliciter les investisseurs pour accroitre leur capital. Plus il y a des augmentations de capital, plus il y a de capital. Logique ! Donc, chaque actionnaire sera un peu plus dilué. Logique quand tu nous tiens !

Si vous possédez 1% d'une société qui double son capital, à l'issue de l'opération vous n'en posséderez plus que 0.5%. Sauf à doubler aussi votre mise. Un vrai piège. Car la capitalisation boursière augmente d'autant, et les ratios de valorisation aussi. Et qu'il faudra faire bien plus de bénéfices qu'avant l'opération pour que le cours de bourse revienne où il était avant l'opération.

Une augmentation de capital est parfois indispensable, pour financer une opération de croissance externe par exemple. Ou pour sauver une entreprise qui va mal. Mais l'augmentation de capital doit rester un évènement exceptionnel de la vie d'une entreprise. Il faut absolument éviter les entreprises qui en font régulièrement, tous les ans, voire parfois plusieurs fois par an.

Citons l'exemple de Solocal (ex Pages Jaunes) qui a réalisé plusieurs augmentations de capital ces derniers temps en raison de son insurmontable endettement. Ou encore Visiomed (tiens, nous l'avons déjà croisée celle-là), qui, sous prétexte de conquérir le monde, n'a cessé de faire des augmentations de capital.

Parfois un graphique parle mieux qu'on long discours. Regardez celui de Solocal sur 10 ans... Un titre divisé par 100...

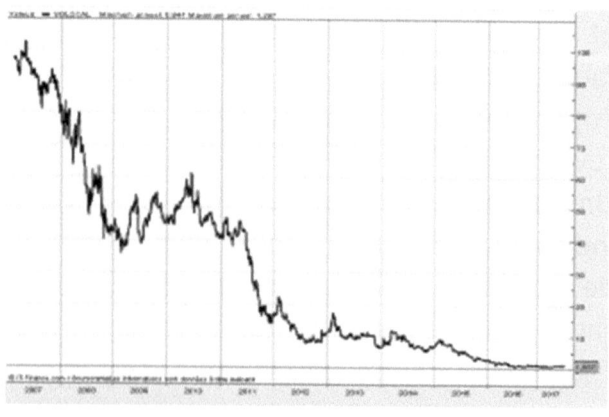

Les fusions et OPA...

Les OPA et fusions font partie du quotidien d'un investisseur en bourse. A priori, un investisseur en bourse les recherche... Combien de fois voyez-vous dans la presse spécialisée : « *voici notre sélection de valeurs opéables* »...

Une OPA mène souvent à une fusion. Mais déjà qu'est-ce qu'une fusion ? C'est la réunion de deux entreprise pour n'en faire qu'une. **Sachez qu'il ne faut JAMAIS se jeter sur une fusion**. C'est un piège que de le faire. On a le souvenir de la fusion Alcatel-Lucent qui a été un échec, et de la fusion plus récente Lafarge-Holcim qui est plutôt une réussite. Mais dans les deux cas, les titres avaient baissé dans les mois suivant la fusion. Comme c'est très souvent le cas (encore très récemment, en 2017, la fusion entre Technip et FMC a mené à une baisse de 27% en 7 mois du nouveau titre TechnipFMC). Dans le cadre d'une fusion, il n'y a pas que des enjeux financiers et économiques qui apparaissent mais aussi sociologiques. Donc culturels. La culture d'une entreprise est imbriquée dans l'histoire du pays, la culture étant une progressive construction socio-historique. Or qui dit cultures différentes dit difficultés de parler d'une même voix, d'aller de l'avant, de mettre en œuvre les synergies qui sont pourtant le but même d'une fusion !

Concernant les OPA, qui sont la partie la plus spectaculaire de certaines fusions, même si elles sont plutôt une source de profits et de plus-values en général, elles peuvent être un piège, car on ne se place pas n'importe comment sur une OPA.

Voici donc les pièges à déjouer :

Il faut d'abord éviter d'acheter une valeur pour son côté « opéable ». Sur Francebourse.com, je ne recommande que très rarement des titres pour leur « potentiel d'opéabilité » car on ne doit pas acheter un titre pour cette unique raison. Cela reviendrait à jouer, à vouloir tirer au sort une action comme on mise sur un numéro à la roulette au casino... Non, la bourse ce n'est pas cela. Il ne faut pas la voir comme un casino géant. C'est la meilleure manière de se tromper. Si jamais vous achetez un titre pour son caractère « opéable » et non pour ses fondamentaux, vous prenez le risque d'abord qu'il n'y ait jamais d'OPA et ensuite que le titre baisse. Ceux qui entendent parler d'une OPA de Peugeot sur sa filiale Faurecia depuis 15 ans en savent quelque chose ! Jamais Peugeot n'a approché l'idée d'acheter les minoritaires de Faurecia. Même si cela n'a non plus jamais été exclu. Mais il y a 15 ans, Faurecia valait 60€, contre 47€ aujourd'hui...

Lorsqu'une OPA est lancée sur une société, en général le titre va continuer de coter à peu près au niveau du prix de l'OPA. Le « à peu près » est très important. Si le marché estime qu'il a des risques que l'OPA ne se fasse pas, alors il y aura une légère décote. En général 2 ou 3%. Si le marché estime qu'elle a toutes les chances d'aboutir, le titre s'aligne alors totalement sur l'OPA. Enfin si le marché estime que l'OPA est insuffisante et qu'il va y avoir une surenchère, alors le titre cote légèrement au-dessus du prix de l'OPA. Dans les trois cas de figure, il n'y a pas grand-chose à tirer de ces situations pour un particulier. Seuls les gros fonds peuvent se positionner. En effet, si une OPA à lieu à 23€ et que le titre cote à 22.8€, que pourrait gagner un particulier ? 0.2€ par titre sur 500 ou 1000 titres… en restant scotché plusieurs mois, le temps que les autorités de la concurrence se prononcent et que l'OPA se fasse. Inutile de bloquer son argent sur de tels dossiers alors qu'il y a toujours mieux à faire ailleurs. Par contre, un gros fond qui place 2 ou 3 millions sur le titre en question gagnera une somme plus substantielle. On vous dit qu'il faut toujours raisonner en pourcentage de gains. C'est faux, il faut aussi raisonner en argent gagné par opération. Ce ne sont pas les pourcentages qui vous permettront de vous payer vos prochaines vacances mais vos gains… Et donc, ce qui est valable pour les gros investisseurs institutionnels qui y vont à coups de millions, ne l'est pas pour les petits...

Il ne faut pas confondre les OPA (qui mènent, je le rappelle, à des fusions) avec les scissions. A l'inverse des fusions et OPA, les scissions sont des opérations presque toujours gagnantes pour les actionnaires. Une scission consiste pour une entreprise à se séparer d'une de ses filiales. Lorsque cette séparation se fait via une cotation en bourse de la filiale en question, c'est très souvent le jackpot pour les actionnaires.

Par exemple, lorsque le groupe Accor s'est séparé d'Edenred, en cotant Edenred séparément en en offrant des actions Edenred à tous les actionnaires d'Accor, l'opération a été créatrice de valeur. Idem lorsque Fiat Chrysler s'est séparé de Ferrari en janvier 2016. Les actionnaires de Fiat Chrysler ont eu des actions Ferrari gratuites. Immédiatement, cela a fait baisser le cours de Fiat Chrysler mais naturellement au bout d'un an ce cours est remonté tandis que le cours de Ferrari a plus que triplé par rapport au prix de scission.

Le cycle du CAC 40...

On vous dit, on vous assène que le marché est cyclique, qu'il y a des cycles de hausse et des cycles de baisse. Cela n'est pas faux mais raisonner de façon si simpliste peut s'avérer piégeur.

Ce n'est pas tant le CAC 40 qu'il faut regarder mais la valorisation du CAC 40. Que l'on appréhende avec son PER (on n'a pas le choix, il serait trop compliqué de calculer une valeur d'entreprise et un EBIDTA cumulé surtout que chaque société n'utilise pas exactement les mêmes règles comptables pour ce qui est des résultats intermédiaires). Au plus profond de la crise, le PER du CAC était descendu autour de 10. Le PER du CAC 40 suit un cycle. Qui transcende complètement le cycle de l'indice lui-même et le détermine.

Ce qui est cyclique, donc, ce n'est pas tant l'indice que sa valorisation. Ainsi le PER du CAC 40, après la crise, n'a fait que monter d'année en année. Atteignant 20 en 2015 puis 21.5 en 2016 et désormais 19 en 2017. Autrement dit, ça y est, le PER du CAC 40 semble avoir entamé son cycle de baisse. Il devrait encore baisser sur les années à venir. Les études empiriques sur le très long terme montrent que ce PER est de 10 environ en bas de cycle et de 20 environ en haut de cycle. Le haut de cycle a été atteint entre 2015 et 2016. Il est visiblement derrière nous.

Cela ne veut pas forcément dire que le CAC 40 va baisser sur les années qui viennent. La preuve : entre mars 2016 et mars 2017 le CAC 40 a gagné 13% alors que son PER a largement entamé son cycle de baisse.

Imaginez que le CAC 40 soit toujours à 5000 points dans un an et que les bénéfices cumulés aient progressé de 15% ; cela donnerait un PER à 16. Le cycle de baisse entamé serait respecté.

Plus les bénéfices progresseront dans les années qui viennent, plus le CAC 40 n'aura pas de raisons de baisser. Mais si les bénéfices cumulés ne venaient à baisser un peu, rien qu'un peu, le CAC 40 démultiplierait désormais cette baisse. C'est cela qui provoquerait un effondrement.

Il serait donc piégeur de se laisser enfermer dans l'idée trop simpliste d'un cycle de l'indice car c'est le cycle de la valorisation de l'indice qui compte.

Les stops de protection...

Vous lisez souvent dans les livres ou les magazines qui vous parlent de techniques boursières, qu'il faut placer des stops de protection, c'est-à-dire des ordres de vente à seuil de déclenchement, pour éviter de perdre trop d'argent lorsque le marché se met à baisser.

Si vous êtes un trader chevronné, les stops feront partie de votre quotidien. Et ces lignes ne vous concerneront pas. En revanche, pour les investisseurs, qui achètent sur du moyen et long terme, ces stops sont de véritables pièges.

En effet si vous mettez un stop de protection à 9,90€ par exemple, sur une action qui vaut 11€, ce stop de protection pourra très vite sauter en cas de forte baisse de l'action en question, et il n'est pas sûr du tout que votre vente se fasse à 9.90€, elle pourrait en effet se faire beaucoup plus bas si de nombreuses personnes ont placé des stops de la même manière que vous. C'est d'ailleurs souvent la présence de plusieurs stops de protection qui déclenche un flash krach sur une valeur ou sur un indice.

Ensuite, bien souvent, la valeur ou l'indice en question remonte aussi vite que s'est faite la baisse. Et il sera trop tard pour que vous puissiez vous repositionner, sans perdre de l'argent.

Par exemple, sur la séance du 22 novembre 2016, le titre Vinci qui se portait bien a été victime d'une calomnie infondée qui a fait le tour des téléscripteurs. Le titre qui était à 60€ est tombé en quelques minutes à 50€ soit une baisse de 17% ! Ceux qui ont placé des stops à 55€ par exemple ont vu leurs positions vendues immédiatement. Très peu de temps après, quelques nouvelles minutes, et voilà que le titre était remonté à près de 60€, Vinci ayant immédiatement démenti et ayant porté plainte.

Placer un stop de protection revient donc à prendre plus de risque de perdre de l'argent qu'à se protéger.

Pour conclure...

Mon propos dans ce court essai pratique n'était pas de donner des recettes miracles pour gagner en bourse. A quoi bon se jeter sur des recettes miracles si vous n'êtes pas prêt ? Or, pour être prêt, il me semble indispensable de commencer par apprendre à naviguer en eaux troubles, donc à connaitre ce qui se cache sous la surface de navigation !

Vous avez pu vous familiariser avec les principaux pièges du marché boursier... en apprenant comment les contourner.

Il faut bien garder à l'esprit que le marché boursier est peu régulé. Cette faible régulation est une condition nécessaire à son bon fonctionnement. Réguler le marché boursier en interdisant par exemple la cotation en continu comme le préconisait Jean-Luc Mélenchon ferait fuir les capitaux et anéantirait les nombreuses perspectives de gains qui font l'attrait du marché boursier, y compris pour les particuliers.

Les capitaux sont attirés par la dérégulation et sont au contraire rebutés par tout excès de régulation. C'est ainsi, c'est l'un des principes mêmes du capitalisme.

La vente à découvert, par exemple, semble peut-être immorale. Je l'ai longtemps considérée comme telle, et c'est encore le cas. Mais je me rends compte qu'elle est un mal nécessaire au bon fonctionnement du marché. Il faut juste réaliser qu'elle est un des nombreux pièges du marché boursier, et ne pas tomber dedans. Car, je le répète, un investisseur averti des pièges en vaut deux !

Réussir en bourse appelle à une certaine vigilance, tout simplement, vers laquelle, j'espère, ces quelques pages vous auront amené...

Pour suivre l'auteur

Sur Francebourse.com :

Inscription gratuite à Francebourse.com, pour lire les chroniques de Jean-David Haddad, ses points pédagogiques, et avoir un aperçu de ses recommandations et analyses (lettres de presse sur abonnement).

Sur Facebook :

www.facebook.com/JDHconsulting/

Pour lui écrire directement :

contact@jdhconsulting.fr